꽃수레 타고

박인선 시집

꽃수레 타고

도서출판 태원

| 시인의 말 |

어릴 적 장래 희망은
시인이었지요.
시가 꽃이 되는 세상을
늘 꿈꾸었습니다.
그러다 뒤늦게 찾아온
시의 숨결과 마주했습니다.
그 순간은 기다림 끝에
맞이한 봄빛 같았습니다.
이제 내 마음속에서
한 송이 두 송이 피어난 꽃들이
꽃수레 타고
세상과 눈을 맞추기 시작했습니다.
세상 속 나만의 이야기가
독자들에게 작은 울림으로 번져
별빛으로 오래 머물기를
바라는 마음입니다.

2025. 여름
박인선

목 차

1부 　내 이름 불러줄 때

그대와 나 · 13
사랑이 그립다 · 14
가시 없는 장미 · 15
그대에게 · 16
우렁신랑 · 17
행복한 외로움 · 18
오늘은 일요일 · 20
난 1학년 3반 · 22
내 이름 불러줄 때 · 23
예행연습 · 24
죄 · 26

이별연습 · 27
있을 때 잘해요 · 28
사랑은 아픈 거란다 · 30
선물 · 31
고맙소 파스 사랑 · 32
지금 내 사랑 · 33
같이 가자 · 34
사랑 · 35
열무김치 · 36
漁! 살아있네 · 38

2부 인생살이 세상살이

어서 오세요 · 41
봄배달 왔어요 · 42
봄볕 · 43
4월의 바람 · 44
봄날의 단상 · 45
봄바람 꽃바람 · 46
할미새 · 47
능력 있는 여자 · 48
그런 여인 · 49
개코 · 50
소녀와 비 · 51

소낙비 · 52
詩야 놀자 · 53
단비 · 54
인생살이 세상살이 · 56
그만큼만 · 58
7월 · 60
귀한 커피 · 61
고독의 커피 · 62
일하는 커피 · 63
추억의 커피 · 64

3부 서울역 시계탑

행복한 인생 · 67
주안상 차려놓고 · 68
청개구리 마누라 · 69
노년의 사랑 · 70
갈대사랑 · 71
서울역 시계탑 · 72
이별 · 73
검정 비닐봉다리 · 74
기도 · 76
수국 환타지 · 77
망촛대 계란꽃 · 78

이별 목련 · 79
벚꽃 편지 · 80
장미 여인 · 81
물망초 · 82
수국 콘서트 · 84
백일홍 카니발 · 85
채송화 · 86
달빛 목련 · 87
귀 있는 난초 · 88
하얀 목련 · 89
살구나무 · 90

4부   최고의 선물

언니만 따라해 · 93
복숭아 통조림 · 94
송편 · 96
꽃고무신 · 97
어머니의 재봉틀 · 98
둥근 달 바라보며 · 100
노을은 붉다 · 102
쌀나무 이팝나무 · 103
사랑표현 · 104
크게 해봐 · 105
신나는 자장가 · 106

똥 · 107
아이스크림 약 · 108
최고의 선물 · 109
그녀의 옆모습 · 110
백발 · 111
시詩 낚시 · 112
날밤 · 113
로또 · 114
치매예방 고스톱 · 115
포장마차 · 116
눈 내리는 날 · 118

1부

내 이름 불러줄 때

그대와 나

그대는
내 가슴 꽃병에
새빨간 장미 담아주고

나는 그대 심장에
빛나는 별 달아주고

시詩처럼 흐르는
꽃과 별
하루의 틈마다
숨결처럼
숨 쉬고 있지

사랑이 그립다

바닷가 모래언덕
사랑해
손가락으로 써 놓았더니
파도가 밀려와
반쯤 안고 가버렸네
설익은 풋사랑 지워졌네

다시 내려가
지워진 사랑 채워 놓았더니
더 큰 파도 밀려와
모두 품고 가버렸네
불같은 뜨거운 사랑 삼켜버렸네

하얀 염분기로 실려 가던
그때의 사랑 붙들고
푸른 언어로 출렁이는 바닷가
서성거리네

가시 없는 장미

한 송이 장미 건네준
그대와의 첫 만남
나를 장미꽃 같다 하였지요

오랜 세월
불타는 사랑으로
겹겹이 쌓여진 붉은 꽃잎
수많은 세월 함께하며
가시 돋친 엽서로
사연되어 쓰여진 꽃잎들
사랑의 이름으로 상처 받을까
뾰족뾰족 돋아난 가시
그대 사랑 다가올 때
찔려 아플까
모두 잘라 내었다오

사랑하는 그대여
나는 한 떨기 6월의 장미
가시 없는 장미 되어
뜨거운 사랑으로
그대를 안아 주리라

그대에게

마음이 아파 울고 있을 때
한 송이 장미꽃 건네온 사람
길을 잃고 헤매일 때에
나침반이 되어준 사람

등 뒤에 기대면
시린 바람 피할 수 있었고
험한 파도 헤쳐 나갈 땐
일등 항해사였지요

오랜 세월 아껴준 당신
내 가슴속에 사는
마르지 않는 샘물 같은
소중한 사랑이여

인생의 끝자락까지
그림자 하나 되어
손 꼭 붙잡고
함께 걸어갈 사람

그런 그대에게
난 아무것도 드릴게 없어
하얀 숨결 닮은 안개꽃
마음에 얹어 드리리

우렁신랑

외출하고 돌아오니
수저가 반짝반짝
냄비도 반질반질
가스렌지는 윤기가 좌르르

옆 눈으로 슬쩍 보고
못 본 체 딴 짓 하니
뭐 변한 것 없느냐고
따라다니며 묻는 남편

글쎄요 잘 모르겠는데요
능청 떨며 갸우뚱 거리니
실망의 눈빛으로 머뭇거리네

와우!!!
우리 집에 우렁신랑이 다녀갔네
오늘 저녁 술안주는 "특"이요
환한 미소 우렁신랑 태양같이 빛나네

우렁신랑,
내일은 이불 빨래 부우탁 해요

행복한 외로움

아침 햇살 속에
눈뜨는 순간
건강한 하루를 맞이함에 감사하며
그 이가 타준 커피를 마시며 행복하다

아침공기 거실 깊숙이 들어오는 따사로운 날
신문을 함께 읽으며 행복하다

흐트러져 있는 물건 따라다니며 치워주는
그의 부지런함에 행복하다

사소한 일로 티격태격 다투고
고집 센 내가 이겼을 때 행복하다

가끔 어지러운 나를 위해
모서리마다 쿠션을 붙여 놓는
그의 배려가 행복하다

늘 함께 다니던 길을 어쩌다 혼자서 가면
오늘은 왜 혼자냐고 묻는 사람이 있어 행복하다

그런데 외롭다
가끔씩 외롭다
그가 옆에 있는데도
나는 외롭다

다정함과 따스함을 느낄 때
더 외롭다

함께 하는 이 모든 것이
영원하지 않는 것임을 알기에
난
다가올 쓸쓸함을 익히는가 보다

오늘은 일요일

앞만 보고 달려온 사십년 직장생활
열심히 잘 했다고 평안함을 보상받아
그간의 인생고락 다 털어버리고
호반의 도시 춘천에 새 둥지 틀었네

새벽이면 꼬끼오 기상나팔 들리고
멀리서 개 짖는 소리 정겹기만 한데
이름 모를 새 창가에 제제거리니
차이콥스키 피아노 협주곡 제1번

둘이서 한 쌍의 젓가락 되어
아침이면 배낭 메고 길을 나서니
오늘은 공지천 내일은 신매대교
금병산 마적산 내 산으로 만들고

봄이 오면 쑥 캐고
가을에는 도토리 줍고
십여 년 세월 젓가락 행진 연주하니
배낭 속엔 건강과 엔돌핀이 한가득

햇빛 찬란한 아침
뭉그적뭉그적 늦장 부리는 남편
빨리 일어나라고 흔들며 재촉하니
오늘은 일요일이라며 돌아눕네
이봐요
당신은 매일 매일이 일요일인디
우리 집 달력은 일주일이 빨간색이여

난 1학년 3반

치약은 꽁지부터 눌러 짜라
신발을 벗으면 가지런히 해둬라
물건을 사용했으면 제자리에 갖다 놓아라
제발 분리수거 좀 잘 해라
뒤통수 따라 다니는 글방님 잔소리
말 들을 때는 쪼매 잘 하는 척 하다가
하룻밤 자고나면 도로아미타불

보다 못한 바른 생활 선상님
점점 야단치는 소리 커지는데
칠십년 길들여져 고쳐지지 않는 습관에
적반하장 버럭 화를 낸다

뭣이 중헌디
둘만 사는 집에 내가 저지래도 안하믄
누구하고 말 할껴
입에 곰팡이 슬껴
심심하잖여
이 세상 내가 먼저 가고 없으믄
누구한테 훈계 할껴
잔소리 들을 내가 있음에 고마워 하랑께

난 매일 1학년 3반 할껴

내 이름 불러줄 때

덤덤해진 시간 속
오랫동안 잊고 살았네요
불쑥 낯설어지는 그대
마음 한 켠 돌아앉았는데
어느 날
창가의 비비새 되어
다정하게 불러주는
내 이름 석 자

그의 입에서 분꽃 향내가 났어요

예행연습

영원한 건 없는 것
글방님 무리한 스트레칭으로
며칠간 걷지를 못했네
청소하기 빨래하기 쓰레기 분리수거
분담했던 일을 혼자 하려니
힘들고 버겁고 고단한 하루

어수선하던 살림살이
평화로운 일상 찾아오니
글방님 고심 끝에 결심하고
어느 한쪽 아프거나 혼자일 때
서로의 일 미리 연습하자며
찌개 끓이기 나물무침 알려 달라하네

죽음이 삶의 완결이고
어차피 다가올 순번이지만
글방님 혼자 외롭게
나물 무치는 모습 생각하니
서글프고 짠하고 심쿵해지네
아유 그냥 사 잡숴요

당신은?
어떻게 되겠지 뭐
숨쉬기 운동이나 열심히 할게요

난 예행연습 안 할래

죄

번쩍 번쩍 찌이익 마른번개
꽈르릉 꽝꽝 천둥소리
땅을 뚫을 듯 쏟아지는 빗줄기

염라대왕 행차했네
네 죄를 네가 알렸다

감전된 몸뚱이
쪼그라진 콩알 심장
도깨비 난장판 머릿속

더듬더듬
글방님 품에 머리만 숨었다
여보 무서워서 못 자겠어요
어른이 뭐가 무서워
큰 죄를 져서요
무슨 큰 죄?
당신을 너무너무 사랑한 죄요

이별연습

찰밥 한 솥 해놓으면 1박 2일
꼬시꼬시한 곰국 끓이면 2박 3일
간 커진 마누라 콧바람여행
보내주는 마음 쓸쓸하지만
슬그머니 용돈 쥐어주고
하트 마음 손 흔드네

보내주고 돌아서니
썰물처럼 빠져나간 황량한 마음벌판
적막감에 반쪽 그림자 찾으며
텔레비전 채널만 만지작거리고
홀로 맞이한 밥상에
울컥하는 외로움
속눈썹에 얹힌 달빛 눈물
점점 커지는 시계초침 소리
뒤척이며 잠 못 드는 밤

우린
잠깐씩
이별연습 하는 거예요

있을 때 잘해요

하루 종일 책과 컴퓨터로 잘 노는 남자
세탁기 청소기와 친구하는 살림꾼
무엇이든 손만 대면 고쳐내는 맥가이버
그런 남자가
외출 잦은 나의 등 뒤에
어디 가?
오늘은 어디 가?
자꾸 치마끈을 잡아당긴다
지난날의 권위에
위풍당당하던 그 남자 어디 갔을까
식탁 위 챙겨놓은 먹거리 잘 잡숴요
매정하게 쾅 닫은 현관문
그에게 굉음이었을까

젊은 날의 고비 고비 인생 숙제
참 잘했어요 도장 받고
늘그막에 봄날 맞은 여자
오늘이 가장 젊은 날 트로트 흥얼거리며
다리 성성할 때 바쁘게 돌아치는데
수다 삼매경에 빠져 늦어진 저녁

미안함에 족발 사들고 들어오니
마누라 없는 적막감
텔레비전이 대신 왕왕대고 있다

그의 불만 폭발할세라
부지런히 차린 저녁 밥상
족발 안주에 소맥 두 잔 말아
짜~안 잔 부딪치며
있을 때 잘해요

사랑은 아픈 거란다

거실 문갑위에
호접난이 세 갈래나 피었다
살며시 미소 머금은
보랏빛 탐스런 꽃송이는
임 기다리는 소녀 모습이다

창밖의 박새 한 마리
유리문을 콕콕 쫀다
입이 아픈지
머리를 요리조리 흔들고
꼬리를 하늘 향해 올리더니
다시 한 번 콕콕 부딪치고
째잭 째잭 째애엑 째애엑
구애하듯 노래한다

너도 예쁜 걸 아는가 보구나
사랑은 아픈 거란다

선물

동트는 순간 첫 숨결
밝은 햇빛 맑은 공기 살아 숨 쉬는 소리
매일매일 감사하는 생명의 선물입니다

출근하며 엄마 안부 묻는
핸드폰 속 아들목소리
내 영혼 울리는 사랑의 선물입니다

소박하게 마련한 밥상에서
함께 감사기도 하는 글방님
내 인생에 가장 큰 선물입니다

고맙소 파스 사랑

등에 손이 닿지 않아
붙일 수 없노라고
혼자 사는 친구
서럽고 외로운
파스 들고 찾아 왔네
그녀 마음 다칠세라
우스갯소리하며 붙여 주었네

어스름 해질녘
다시 온 그 친구
파스 좀 떼어주라 왔네
붙여줄 때보다
내 마음 더 서글퍼
좋은 사람 하나 구하라며
너스레 떨었네

새끼들 제 갈길 가고
둘만 남은 노후 생활
외롭고 고단한 어깨
파스 붙여줄 수 있는 그대
곁에 있어줌에
고맙소 고맙소

지금 내 사랑

믿음 소망 사랑
그 중에
사랑이 으뜸이란다

황금 소금 지금
그 중에
지금이 최고란다

그대와 함께한
모래알처럼 많은 시간들
부딪치고 깎아지고
다듬어진 조각상

그대 없이 어찌 내가 있겠는가
커다란 바위 같은
그대

지금
난
소중한 그대
선물 받았네

같이 가자

혈압약 고지혈증약
수북이 쌓아놓고
아침저녁
꼬박꼬박 삼켜야 한다
먹었나 안 먹었나 헷갈리면
쓰레기통 확인하고
여행 떠날 때면
제일 먼저 가방 한켠에
보물처럼 모셔야 한다

나는 하루하루 너를 먹어야 하고
세월은 하루하루 나를 삼키는구나
언제부터 너와 내가
단짝 친구이던가
떼려야 뗄 수 없는
내 몸 지켜주는 귀한 친구

그래그래 같이 가자
내 인생 종착역
점 하나 되어 내릴 때까지
그래그래 사이좋게 가자꾸나

사랑

받아도 받아도
무겁지 않은 사랑

주어도 또 주어도
아깝지 않은 사랑

사랑으로 울기도 하고 아파도 하고
사랑으로 설레고 환희에 춤도 추는
극과 극의 사랑, 그 여정

그래도 우리는
햇살에 타오르고
눈빛에 얼어붙고

사랑이라는 이름,
내 가슴 깊은 곳에 숨어있는
영원히 마르지 않는
작은 옹달샘

열무김치

열무김치는
열무와 얼갈이를 섞어야 맛있지요
메밀가루와 밀가루 풀 쒀서 국물 잡아
마른 고추 불려서 고춧가루와 섞고
새우젓과 액젓으로 간을 맞추고
마늘과 쪽파 적당히 넣어
으끄러지지 않게
살폿 살폿 버무려
한 입 크게 돌돌 말아 남편 입에 넣어주고
엄지척 간보기 합격하면
맛있는 열무김치 완성!

덜 익으면 풋풋해서 좋고
포옥 익으면 건강 좋은 유산균
남들이 맛있는 비법 물으면
손맛이야! 하고 웃지요

당신과 나
그동안 열무김치처럼
차암 잘 어우러져 살았네요

서로의 아픔을 토닥토닥 보듬으며
인생의 숙제도 함께 풀고
어울렁 더울렁
가는 세월 생채기 낼까
살폿 살폿 버무렸더니
남들은 우리를 행복해 보인다 하지요
전생에 나라를 구했나 봐요
웃으며 대답하고
가슴항아리에 묻어 삭아진
힘겨웠던 아픔들을 꺼내보니
맛있게 숙성된 열무김치가 되었네요

漁! 살아있네

외옹치항 횟집 이름 올시다
진짜 살아 있습니다
하얀 속살에 초고추장 듬뿍 찍어
마늘 한 점 고추 한 점
상추 포대기에 보쌈해서
입 안 가득 넣으니
온통 바다가 들어옵니다

쏘맥 두 잔 말아서
남편과 눈 마주치며
사랑해요 멘트하고
짜아안 잔 부딪치고
송 송 송 목에 넘기니
진짜 살 맛 납니다

漁! 살아있네
나도 살아있네

2부

인생살이 세상살이

어서 오세요

오실 줄 알았어요
쌓인 낙엽 이불삼아
겨우내 웅크리고 있던 새싹들
코끝 스치는 봄 냄새에
빼꼼히 문을 여네요

물오른 나뭇가지
초록 눈 틔우고
햇볕아래 야옹이
길게 누워 하품하네요

그대는 어느새
뜨락에 내려앉았군요
어서 오세요
봄
봄

봄배달 왔어요

어디에 놓고 갈까요?

머나 먼 남쪽 나라 따스한 바람 타고
손 뻗으면 닿을 듯 아지랑이 강을 건너
달래 냉이 하품하는 언덕을 넘어
종달새 우체부가 배달 왔습니다

보송보송 아기 솜털 버들강아지
연지 곤지 수줍은 벚꽃 아가씨
우아하고 청아한 하얀 목련꽃
별같이 빛나는 노란 개나리

겨우내 그리웠던 연정 담아
연둣빛 잎사귀로 곱게 포장해서
그대 집 앞에 놓고 갑니다

살포시 문 열고
들여 놓으세요

봄볕

창문 열지 않아도
거실 깊숙이 들어온 햇빛
마냥 길게 누운 야옹이
온 몸에 햇살을 바른다

은혜로운 햇살의 바다
무념무상의 멍한 시간
너의 따스함이 너무 좋아
비단주머니에 넣어두고 싶다

4월의 바람

보이지 않아도
만지지 않아도
바람 끝에 묻어나는 신비한 마술

감미로운 입맞춤에
수줍던 꽃잎들 화르르 열리고
부드러운 애무에 살랑이는 잎새들

겨우내 웅크렸던 내 마음
보슴보슴 열어주시니

진달래 꽃분홍 립스틱 바르고
연둣빛 나래 가볍게 두르고
대문 밖을 나섭니다

그대,
4월의 바람이여

말없이 스며드는 눈빛으로
생기 없는 내 마음
봄꽃 되게 하여주오

봄날의 단상

의암호 햇살에 눈부신 미소
느릿느릿 봄이 걸어오고 있다
햇살 등지고 나들이 나온 청둥오리
종종걸음으로 물살 가르며
짝지어 행진 한다
봄이 오고 있노라고
은밀하게 소곤거리며
줄지어 움직이는 오리 떼 뒤로
물그림자 여유롭다

생일 맞은 어느 시인 축하모임
2층 카페에서
묘한 정적 고즈넉함 흩어질세라
검지 두 개로 살랑살랑 박수치며
Happy Birthday to you ~
은빛 호수에 띄운다

마음만은 스물두 살이라고
조각 케익에 두 개 꽂은 촛불
칠십 두 살 시인 등 뒤에
오리 떼 물그림자
은빛 물살 한가하게 일렁인다

봄바람 꽃바람

겨울의 끝자락 아직 묶여 있는데
빠끔히 열린 창틈으로
예고 없이 들어오는 봄바람
산들바람 봄의 손길
잠자는 먼지도 깨운다

창가의 작은 난초 정원
그윽하고 우아한 매무새 춘란
보랏빛 치맛자락 펄럭이는 호접란
숨 막히는 향기 긴기니아

분주한 봄맞이에
바람난 난초 아가씨들
무디어진 내 입술에
보랏빛 꽃무늬 그려놓고
내 마음 아직은 살얼음인데
부드러운 꽃바람
손끝에 닿는다

할미새

창밖 매어놓은 화분걸이에
잠시 쉬어가는 새를 보다가
칼바람 추위에 벌레도 없고
무얼 먹을까 걱정되어
해바라기 씨를 놓아 주었다

박새도 오고 참새도 오고
요리조리 갸웃거리며 콕콕 쪼아 먹다가
거실 안 들여다보며 고맙다고 인사한다
손주가 밥그릇 비우면 기쁘듯 흐뭇하다

긴 겨울
모이 주는 할미새 되어
애구 다 먹었쪄?
애구 예뻐라!
다정하게 새와 이야기 한다

먼발치에서 미소 지으며 바라보는 글방님
내년에 박 씨 하나 물어 오겠구려

능력 있는 여자

이리 가세요 저리 가세요
입술 끝에 명령만 달린 그녀
공손하게 그녀 말대로 따르는 남편

행여 딴 길로 들어서면
다시 길을 잡아주며
포기하지 않는 사랑
남편을 지휘하는 질투 나는 여자

인연의 끈으로 묶여
미운 정 고운 정 함께한 나보다
말 잘 듣는 남편으로 조종하는
능력 있는 여자

그녀 이름
네비게이션 지니

그런 여인

누군가 울고 있을 때
보듬어 주며 곁에 있는 사람

남의 아픈 상처에
위로의 반창고 붙여 주는 사람

어쩔 수 없는 거짓말 해 놓고
스물 스물 얼굴 근육 표 나는 여자

만남을 좋아하고
밥값 계산 빠른 사람

기도로 주님 만날 때는
떼만 쓰는 철부지 어린아이

늘 밝은 미소로
라일락 향기 피어내는 여인

꽃바람에 실려 오는
그런 여인

개코

아래층 베란다에서
새벽부터 피워대는 담배 냄새

윗층 주방에서
매캐하게 감자 타는 냄새

이불 속에서 피시식 발사한
몰래 방구 냄새

기가 막히게 알아채고
빠르게 킁킁댄다

유난히 예민하고 빠른
내 코를
남편은 개코라고 부른다
    o
    o
    o
돈 냄새를 그렇게 맡았으면
지금쯤
강남 빌딩 주인 되었겠다

소녀와 비

땅을 치고 튕겨 오르며
반항하는 빗방울
감색 스커트 하얀 브라우스
뽀얀 목덜미 단발머리 소녀

나는 누구인가
인생이란 무엇인가
내 꿈은 어디 있나

쏟아 붓는 빗속에
물음표 가득 안고
내 안에 자리 잡은 응어리들
울음으로 토해냈다
빗소리에 파묻혀
왕왕 울어주는 빗줄기

홍역 같은 사춘기
몸서리 쳤다

소낙비

시커먼 구름 머리에 이고
장대같이 쏟아 붓는 소낙비
빗줄기 속으로 뛰어가던 뒷모습
안타까운 이별에 흐느끼던 그 사람

잊은 듯 잊혀 진 듯 아스라한 기억 속에
나 오늘 그 비 맞으며
붙잡을 걸 놓지 말 걸
어깨를 들썩이며 울고 서있네

흘러내리는 상념의 파문
눈물인지 빗물인지
머무르지 못한 기억들
모두 씻어 내고파

눈물은 빗물보다
무거웠다

詩야 놀자

의암호 강변을 바라보며
산책로 꽃길을 걸으며
온종일 詩想에 사로잡혀
詩의 세계에 흠뻑 빠져 버렸네

초보 시인에게 詩는 잡히지 않고
술래잡기의 술래가 되어
열까지 헤아리고 눈을 뜨니
장독 뒤에 숨었나
봉숭아 꽃망울에 숨었나

여기저기 기웃거려도
詩는 보이지 않고
못찾겠다 꾀꼬리 되뇌이며
눈비비고 찾아도

詩는 꼭꼭 숨어 나오지 않네
영영 나오지 않을까 불안한 마음
사방을 둘러보며 속삭이네
詩야 어디에 있니~~~?
詩야 노올자~~~!

단비

거북등 같이 쩍쩍 갈라진 논바닥
목마름 호소하는 푸른 생명들
지구 온난화로 이산저산 불타오르고
가뭄에 산불에 어수선한 파업소식
편한 날 없는 농심 민심

어쩌다 내리는 비는
맛보기로 뿌리는 듯 갈증만 더해가고
답답한 마음 안고 산길 걸으니
벌레들도 말라 죽고
운동화엔 흙먼지만 뽀얗게 앉았다

정말 큰일이구나 걱정하며 걷는데
누군가 바삭바삭 낙엽 긁어모아
하트모양을 만들어 놓았다
아! 사랑 사랑
보이지 않아도 믿는 주님의 사랑

도와주세요 도와주세요
기도하는 마음으로

간절히 소망하고 하산했더니
밤새 주룩주룩 단비가 내린다
사랑의 꿀비가 내린다

인생살이 세상살이

나의 길이라 생각하고
묵묵히 걸어왔지만
물 흐름의 선율을 타듯
잔잔히 흐르는 개여울도 지났고
수직으로 곤두박질치는 폭포도 만났고
너울너울 둥실둥실 파도도 넘었네

인생은 사다리타기 게임 같은 것
선택된 줄에 선을 그어나가면
곧장 갔다 옆으로 갔다 따라가야 하네
기대와 의문 속 끝에 다다르면
좋아도 싫어도 내 삶의 결정체

고통스럽고 힘든 일은
이겨낸 것이 아니라 견디었을 뿐이고
즐겁고 기쁜 일은
하느님의 축복이고 선물이었네

괴롭고 고단하다고 너무 아파하지 말고
좋은 일은 감사할 뿐 소란 떨지 말고
어차피 돌고 도는 물레방아 인생
사다리타기 번호는 정해 졌으니
바람 따라 세월 따라 흘러가보세

그만큼만

무궁화 꽃이 피었습니다
뒤를 돌아보니
한 발자국 다가온 친구
내 등 뒤까지 와 있는 친구

칠십 바라보는 나이
지난 날 뒤돌아보니
배움의 아쉬움도 있고
놓친 재물 아까움도 있고
더 잘해볼 걸 후회도 있네

조금 가진 자 많이 가진 자
잘난 사람 못난 사람
무궁화 꽃이 피었습니다
뒤를 돌아보니
발자국 띤 그만큼만
자기 인생인 것을

잘 자라준 자식 있고
아껴주는 남편 있고
무엇보다 건강하니

욕심 부리지 말고
그만큼만
딱 그만큼만
내 것인 것을~

7월

벌써 7월이네 하지 않고
아직 여섯 달이나 남았네 할래요
여유 있는 척 하며
불타는 7월을 맞이하겠어요

온 몸 드러내 놓고
작열하는 태양 아래에서
가을의 열매 약속 받는
해바라기처럼

나도
마음의 빗장 열고
벌거숭이로 태양을 꼭 안을래요
잘 영그는 7월
뜨거운 정열로
용광로 같은 사랑을 하겠어요
이글이글 불타는 불꽃처럼

귀한 커피

너두 나두 가난했던 시절
학생이 앞장서고
선생님이 가정방문을 오셨다

어쩌나
뭘 드리나
엄마는 황송해 쩔쩔매며
두 손 받쳐 커피 한 잔 내 오셨다

커피 잔이 없어
밥 담는 하얀 사기그릇에
소복한 밥 대신 따끈한 커피가
두 손 받쳐
공손히 담겨 나왔다

고독의 커피

너무 맑아 투명한 숨결만 남은 창가에
고즈넉이 앉아있는 쓸쓸한 여인
바바리 깃 세우고
다리 한 쪽 탁 꼬고
커피 한 잔 시켜놓고
담배 한 대 불을 붙인다

첫 서리 맞은 한 송이 들꽃같이
외로운 모습으로 상념에 잠긴 그녀
무슨 사연이 있어 저리도 생각이 깊을까
시린 창밖만 하염없이 바라보네

모락모락 피어나는 커피향기
깊이 삼켰다 뿜어내는 담배연기
그녀 주위에 스멀스멀 피어오르니
구름위에 넘나드는 고독한 여인

일하는 커피

아들, 어디야?
까페에서 밀린 일 하고 있어요
멀쩡한 집 두고 왜 까페에서 일을 할까
커피가 일도 해주남~

추억의 커피

한복 곱게 입은 읍내 다방마담
치마꼬리 휘익 한 바퀴 돌리고
살랑살랑 엉덩이 흔들며
쟁반 받혀 보자기로 곱게 싸온 배달커피

커피 프림 설탕 2:2:2로 타서
보온병 뜨거운 물 부어주며
야릇한 웃음을 양념으로 넣었지

배달시킨 남정네들 흥흥대고 마시며
눈길은 마담 엉덩이를 쓰다듬었지
엉큼한 커피 추억의 커피
지금은 아주 머~언 옛 이야기

3부

서울역 시계탑

행복한 인생

어떤 남자를 만나는 가에
여자는 은은한 꽃이 되고
어떤 여자를 만나는 가에
남자는 여문 나무가 된다

노란 깃을 펼치며
하늘을 노래하는 새가 되고
뜨거운 태양으로 몸을 달구는
커다란 바위가 된다

푸르른 나무아래 자리 잡은 꽃물든 사랑
큰 바위 위에 쉬어가는 무지개 꿈
어우러져 세월을 감아올린다

주안상 차려놓고

해질녘이면 슬슬 궁금해 하는
애주가 서방님
목구멍이 근지럽단다
우리가 만든 최고의 건강식품이라며
달궁달궁 맛나게도 드신다

팔십 넘어 인생은 덤이라 여기고
술 대기
안주 대기
예쁜 여자 대기
항상 준비 되어 있다며
짜증 안 부리고 술상 대령한다

오후 6시 술時
사랑조미료 듬뿍 넣은 보글보글 김치찌개
단백질덩어리 메추리알 장조림
새빨간고추장에 궁합 맞춘 노가리
서방님 흡족해 하는 주안상에
무지개가 떴다

분홍 앞치마에 손 닦으며
상냥한 주모 마주 앉는다

청개구리 마누라

서둘러 신매대교 건너온 봄
창문 틈으로 아침을 깨우네
기지개 켜며 하루를 열고
감사로 시작되는 오늘
귓가에 속삭이는 사랑의 언어

행복하십니까?
아, 아니
장난기 발동하는 청개구리 마누라
실망스런 대답에 머쓱한 남편

이렇게 하면 되지
안 행복하십니까?
아, 아니
그럼 행복하다는 말이잖아

청개구리 마누라
저도 헷갈리네

노년의 사랑

그대가
옆에 있어도 보이지 않습니다
다정했던 목소리도 들리지 않습니다
돋보기 안에 당신을 가두고
빛바랜 악보 속 흩어지는 음표
미지근한 맹물같이
그저 그냥 그렇습니다

바람 부는 대로 낮게 누운 풀잎 되어
하늘 보며 부서진 음표조각 맞추고
희미한 사랑의 생기를 찾습니다
따스한 온기를 손짓하며
누군가 일으켜주길 기다립니다

그가
그 누가
부디 그대이기를

갈대사랑

파도의 하얀 포말같이
무리지어 흩날리는 갈대숲

그 사이를 거닐며
두 뺨을 간지럽히는 소슬한 바람
갈대숲 속에서 옛사랑이 보이네

바람 따라 물결치며
그리움이 일렁이네

그대는 어디로 가고 있는가
갈대사이 비치는 노을빛은
아직도 흔들리는데

서울역 시계탑

검은 외투 속에 두 손 깊이 찔러 넣고
전봇대처럼 우뚝 서서
무심히 오가는 사람 바라보며
얼마나 서 있었을까
사박사박 내리는 흰 눈 속에서
조각난 옛 생각 퍼즐 맞추며
서울역 시계탑 아래 눈사람 되었는데
기다리는 그녀는 오지를 않네

삼십년 후 첫눈 오는 날
서울역 시계탑에서 만나자는
오래된 약속
세월은 흘렀어도 시계탑은 그대로인데

어떻게 살고 있을까
얼마나 변했을까
혹시나 아프지는 않을까
지금도 나를 기억 하려나
펑펑 내리는 눈
아슴한 기억들 하얗게 덮어버리네

시계탑 초침소리 점점 커지는데
그녀는 오지 않았네

이별

어긋난 만남
쓸쓸히 돌아서는데
우산도 없이
세찬 비를 만났다
나 혼자만의 미친 사랑
내 모든 세포를 두드리는
아픈 멍울
다음엔
이 다음엔
무지갯빛 우산 준비하리라

검정 비닐봉다리

비온 뒤 내린 눈 동장군 되어
길바닥 온통 스케이트장으로 변했다
조마조마 넘어질세라 종종거리며
어쩔 수 없는 일로 시내에 나왔는데
윙윙 찬바람은 귀때기를 후려치고
오가는 사람도 드물다

찬바람 리어카에 흙 묻은 더덕무더기 놓고
이 손님 혹시 안 사시려나
아저씨가 연신 나를 보고 또 쳐다본다
주변에 사람이라곤 나 하나뿐인데
팔아주고 싶지만 껍질 까기 귀찮아서
시간도 없고 난 잘 까지도 못하는데
내 친구 영숙이는 잘 까더구만
사가지고 가서 선물할까
그럼 또 언제 갖다 주남
생각에 빠져들며 앉아 있는데
정류장 의자 불 땐 구들장같이 따끈따끈하다

바람은 휑휑 불고
기다리는 버스는 오지 않고
맥없이 더덕만 쳐다보며 망설이는데
마침내 사지 않을 거라고 단정한 아저씨가
시장 쪽으로 힘없이 리어카를 끌며
다른 손님 찾아 저만치 떠나고 있다

조금 빨리 마음 정하고 한 무더기 팔아 줄 걸
눈에서 점점 멀어지는 리어카
그 옆에 더덕 담아 줄 검정 비닐봉다리 뭉치가
털레털레 찬바람에 매달려 가고 있다
못 팔아줘 아쉬워하는 내 마음도
매달려 가는 비닐봉다리 같이
찬바람에 허허롭게 흔들거렸다

기도

뭐가 그리 급한지
신발이 미처 벗겨지기도 전에
스텝이 꼬여
벽에 헤딩하며
안경은 날아가고
눈탱이 밤탱이 되었다
이스트 넣은 반죽같이
부풀어 오르는 혹 달걀로 문지르고
아픔을 뒤로하고 기도 드렸다

주님!
눈 안 다치게 해 주셔서 감사합니다
응답이 왔다
그게 진정한 감사 기도란다

수국 환타지

잎새 하나에 별을 담아
뜰 안 가득 빛나는 별꽃 송아리들
우유로 사색하게 하고
금으로 만든 판타롱 바지 입게 해주겠다던
황당한 고백의 부잣집 아들
하얗게 웃고 서있는 너를 보면
어이없는 고백도 믿고 싶어진다

흩어지지 않고 뭉쳐있는 사랑꽃
어두운 새벽 깨워주고
따스한 숨결만 모여 있는 동심원
숨겨놓은 소중한 별 하나
꽃수레 타고
너의 숲으로 가고 싶다
수국 숲의 그 끝으로

망촛대 계란꽃

혼자일 때 보다
무리지어 모여 있을 때 더 이쁘다
잡초와 어깨동무 하고 있음에
나란히 이쁘다

아무데나 흔하디흔하게 피어
무심히 지나치며
보아주지 않아도 기죽지 않고
하늘 향하는 망촛대꽃

동그란 계란 흰자에 올라앉은 노란 꽃방석
꼬시꼬시한 계란 내음이다
알미늄 네모도시락
쌀밥에 계란후라이 얹어주시며
흐뭇해하시던 엄마미소 생각난다

이별 목련

잠든 가슴 살며시 흔드는
첫사랑 하얀 목련
달빛 아래
꽃등 달아 주더니
따스한 정 다 못주었는데
무에 그리 바삐 떠나시나요

그윽한 향기 하얀 숨결
다시 만남 기약하며
이별을 말하지만
못 들은 척 고개 돌리며
보내지 아니 하렵니다

꽃잎 진자리
순수했던 목련사랑
푸르른 이파리로
아픈 상처 동여매고
마냥
그 자리에 기다리렵니다

벚꽃 편지

포르르
벚꽃잎 나의 뺨 스칠 때
그건
꽃잎이 아니라
봄이 주는 편지였다

살포시
꽃잎 어깨위에 앉았을 때
그건
기억 저편 옛사람
반가운 소식이었다

파란 하늘 하얀 구름
연서 실은 공지천에
봄 향기 사랑꽃
꽃배 되어 손짓한다

장미 여인

하얀 구름모자 쓰고
담장에 기대어
요염한 자태로 손짓하는
정열의 붉은 여인

넘치는 유혹에
입 맞추려 다가서니
도도한 가시로
바라만 보라하네

물망초

울퉁불퉁 반질반질
시냇가 돌멩이들
모양도 가지가지
흐르는 물살에 휘돌아치며
세월의 흔적이 만든 얼굴들

얽히고설킨 인생살이
햇빛 뜨거울 땐 양산으로 가리고
비내리는 날엔 우산 받치면서
서로를 지켜주며
시냇가 돌멩이처럼
둥글고 예쁜 모습으로
우리 여기까지 왔네요

이제 인생의 황혼녘
집착도 욕심도 내려놓고
비에 젖고 햇살에 데우며
남은 시간 유유히 가고픈데
깜박깜박 기억이 자꾸 도망가네요
이러다 설마 서로를 몰라보는
슬픈 시간이 찾아오면 어쩌나요

언제나 내 곁을 지켜준 따스한 사랑
행복한 순간도 참 많았는데
어느 날 같은 하늘아래에서 볼 수 없어도
우리 서로 잊지 말아요
우리의 애틋했던 사랑만은
잊지 않기로 해요
나를 잊지 마세요

물망초 사랑

수국 콘서트

외롭고 우울한 날
여름 맞이 음악회가 열리는
수국나라 정원으로 오세요
옛사랑의 그림자
동그랗게 발효된 사랑꽃
숨 고르듯 노래하며
바람 실은 꽃 속 거닐면
걸음마다 번지는 평화
달콤한 색색 솜사탕
사랑의 세레나데

백일홍 카니발

겹겹이 치마 자락 살포시 부여잡고
한 발 앞으로 고개 숙여 인사하고
무도회 팡파레 울려 퍼지니
꽃바람 박자에 살랑살랑 리듬 타며
신나는 박수와 요란한 함성
빙글빙글 춤추며 환호하고
한여름 열기 흠뻑 마시며
빨강 노랑 분홍
백일홍 꽃무리가 정열을 불태운다

채송화

달빛 꿈꾸던 아가
꼬물꼬물 기지개 켜며
빨강 노랑 옹알이로
엄마 손길 부르네

햇살 내려앉은 자리마다
빨강 노랑 눈망울
동그마니 낮게 앉아
눈 비비며 꽃잎 여네

달빛 목련

달빛 아래 하얀 목련
님의 마음 흔들어
봉긋한 꽃봉오리
님의 사랑 품었다오
애타게 짧은 사랑
초생달에 앉혀놓고
서러운 이별 이파리
순결의 시가 되어
꽃밭 가득 하얗게
다시 피어납니다

달과 별이 노래하는 밤
그리움의 향기로 눈물 흘리며
하얗게 봄밤 지새웁니다

귀 있는 난초

남들은 나폴나폴 치마폭에
분홍 보라 꽃송이를 듬뿍 안고 있는데
누런 잎으로 볼품없이 서 있는 너
제 구실 못한다고 귀퉁이에 세워놓고
분갈이 때 다른 난으로 바꾼다고 말했지

그 소리 들은 걸까
아기 젖 냄새 알싸한 향 풍기며
일곱 송이 적갈색 꽃으로 인사하는 너
앙큼하게 웃으며 품고 있었지

너도 듣는 귀가 있는 게야
미안함에 몸을 낮춰
사랑의 영양제 선물 주며
기특한 마음 보듬어 주었지
늦은 봄까지 보란 듯
우아하게 자리 지키는 너

분명
듣는 귀가 있는 게야

하얀 목련

겨우내 시린 바람
온 몸으로 이겨내고
의연하게 피어난
4월의 꽃 하얀 목련

아이보리 반회장저고리에
연옥색 치마 받쳐 입은
나 어린 시절 사모했던
자애로운 육영수 여사 모습

단아하게 봉긋한 꽃봉오리
그리움에 젖어 올려다보니
반길 새도 없이 눈 맞추고
하얀 눈물 되어 떨어지네

꽃잎들아 무에 그리 바쁜가
차마 이파리도 다 못보고
스치는 바람에 우수수 떨어지네
아! 너무 빨리 가신 님
흰 꽃 주단 밟으며 떠나 가셨네

살구나무

링거 줄에 수액이 지나듯
구불구불 마을길을 지나
고요를 머금은 별장에 다다르니
고목이 된 살구나무가 문 앞에서 반기네

너무 높아 올려다보며
아쉬움에 고개 떨구니
풀숲 사이사이 살구들의 놀이터

금덩어리 줍듯 한 손 가득 모자라
가방 귀퉁이 여기 저기 채우고
외로움에 젖어있을 빈집에 들어서니
창문 가득 살구가 함께 따라오네

사그랑 사그랑 살구와 얘기하며
오후 한 때 여백을 채워주었네

4부

최고의 선물

언니만 따라해

언니는 5학년
나는 1학년

바쁜 엄마대신
언니 손잡고 학교에 가고
공부 끝나면 언니를 기다렸지

길 잃으면 안 된다고
언니만 따라 다니라는
엄마의 당부

어느 날
아무리 기다려도 오지 않는 언니
교실로 찾아 갔더니
복도에서 두 손 들고 벌서고 있네

눈빛으로 저리가라 하는데
오라는 줄 알고
언니 옆에 두 손 들고 같이 따라 했네

언니는 5학년
나는 1학년

복숭아 통조림

6·25전쟁이 끝나는 무렵 태어난 나
끔찍이 살기 어려웠던 시절
난 배가 자주 아팠다

죽을 만큼 아파야 병원 가던 시절
엄마는
뜨끈뜨끈한 구들방에 나를 뉘어 놓고
"엄마 손은 약손" "엄마 손은 약손"
주문을 외우시며
배를 살살 문지르시면
거짓말 같이 나았다

항상 사랑에 목말랐던 나는
틈만 나면 배가 아팠다
관심 끌려고 더 아픈 척 하면
엄마는 안타까워 어쩔 줄 몰라 하시며
호주머니 쌈짓돈으로
복숭아 통조림을 사오셨다

말캉말캉한 복숭아 통조림
달콤한 국물과 함께
목구멍을 통과하면
언제 그랬느냐 씻은 듯 나았다
명약 중에 명약
복숭아 통조림

가짜 배앓이 생각하며
엄마의 기억
꿀꺽 삼켜본다

송편

나이 차이 많은 언니들에게
귀여움도 사랑도 많이 받지만
막내는 항상 꼬두마리 신세
옷도 두 번 내리내리 받아 입고
어쩌다 명절에나 새 옷 한 벌 돌아오네
책가방도 신발도 쓰던 것 물려받고
먹는 것도 못 따라가 양손에 쥐고 먹네

추석 전 날
다정하게 모여 있는 송편 형제들
세 자매 옹기종기 머리 맞대고
뜨거워서 호호 불며 보름달을 삼키네
언니 세 개 먹을 때 막내는 반 개
송편은 자꾸 줄고 남은 건 고작 서너 개

막내는 눈과 입이 너무 바빠
침 발라 와구와구 씹어 놓았네
곧이어 날아온 군밤세례
막내는 너무 아파 잉잉 울면서
한가위 꿀 송편 실컷 먹었네

꽃고무신

명절에나 사 주셨던
색동무늬 꽃고무신
돛단배 타듯 발을 살짝 집어넣고
차마 아까워 땅을 못 디디고
마루에서 신고 서성거렸네

학예회 때 신을까나
소풍갈 때 신을까나
아끼고 만져보고 생각에 잠겨
댓돌 위에 살폿이 놓아두었네

아뿔싸!
장난기 많은 언니가
꽃고무신에 송충이 손님을 실어 놓았네
놀란 가슴에 엉엉 울고
발을 동동 구르며
너무 무서워서 신지 못했네
매일 매일 쳐다만 보던 꽃고무신
영영 신지 못하고
발이 커져 버렸네

어머니의 재봉틀

해 질 때까지 공기놀이 고무줄놀이
땀범벅 흙범벅 꼬질꼬질한 얼굴로 집에오니
웅성웅성 사람들
물 젖은 솜같이 무거운 기압골이다
여기저기 흐느끼는 애통한 소리
아버지께서 돌아가셨단다
철없는 난 아버지의 죽음을 실감 못하고
남들이 울어서 따라 울었다

올망졸망 세 딸들의 눈동자와
먼 허공 바라보는 엄마의 시선
긴 장대 끝에 절망만 걸려있었다

그러던 어느 날 재봉틀 한 대가 놓여졌다
엄마는 발로 밟는 재봉틀로 한복을 지으셨다
재봉틀 소리가 힘차고 클수록
세 딸들의 배고픔이 채워졌다

어느 날
엄마는 피곤에 지쳐서
난로를 베고 잠이 드셨다

고단한 삶의 무게가
엄마 어깨에
아기 주먹만 한 흉터를 남겼다

재봉틀은 세월을 밟으며 달려
남부럽지 않게 자식들 길러내고
엄마 자신은 온데간데없어도
세상원망 한 번 하지 않고
주어진 운명을 담담히 받아들이셨다

종착역에 다다른 기차바퀴같이
재봉틀 소리는 서서히 멈추고
함께 늙어가는 딸들을 뒤로하고
모진세월 삼키며
맥박 잡히지 않는 순간에도
세 딸 걱정하며
하늘나라 안식처로 떠나셨다

긴 여정 고단하게 끝내신
우리 엄마
엄마어깨의 흉터는
영원히 빛나는 훈장으로 남았다

둥근 달 바라보며

전쟁 상흔으로 살기 어려웠던 시절
보름달 훤히 비추이는 대보름 새벽
비명조차 삼킨 고요 속에
유난히 심한 산고를 주면서
환영 받지 못할 셋째 딸이 태어났지요
집안 대를 못 이어준 죄송함에
시어머니 눈치 보며
미역국도 제대로 못 넘기신 엄니
젖도 제대로 잘 안 나오고
죄인마냥 앉아 십자수만 놓았다지요
못 먹어서 잘 울지도 못하는 아이
살믄 살고 말믄 말고
방구석에 밀어 놓았는데
어쩌다 꼬물대는 아이 쳐다보니
눈이 왕방울만한 게 보름달 같더랍니다
와락 안아 안 나오는 젖꼭지를 물리며
미안하다 아가야 울던 엄니

그 아이가 굽이굽이 오랜 세월 탈 없이 살아내고
어느덧 칠순을 맞이하였습니다

멀리 있는 가족까지 모두모여
케익에 촛불 밝히고 축하 노래 불러주며
오래오래 건강하시라고 박수 쳐주는데
마음고생 하시던 우리 엄니는
이 세상에 안 계시네요

엄니!
이젠 세상이 많이 변했구먼요
사람이 모자라 셋째 낳으면 나라에서 돈도 줘유
그래도 엄니!
내가 박사아들 만들어서 대한민국에 일조 했구먼유
가족건강 소원 빌며
환하게 비추는 둥근달을 바라보니
눈이 커다란 아기를 내려다보며
눈물지으시는 엄니모습이 앞을 가리네요

엄니 잘 계시지유
속상하게 해드려서 죄송해요
그래도 엄니
비온 뒤 땅을 딛는 발걸음처럼
살만한 세상 이 좋은 세상
하루의 숨결에도 빛이 될 수 있음에
비로소 오늘도 감사합니다

노을은 붉다

막내니? 막내야,
가쁜 숨 몰아쉬며
삭풍에 마지막 잎새 떨어지듯
엄마의 힘겨운 목소리
석양의 붉은 노을을 뒤로하고
핸드폰 속으로 사라졌다
하늘도 바다도 온통 핏빛이다

가슴 아리는 슬픔에 눈물 뿌리며 포효하지만
바다는 알사탕 머금듯 붉은 해를 삼켜 버리고
아무 일 없는 듯 철썩이며
내일의 태양을 잉태할 것이다

일렁이는 바다에 한 줌 영혼 받아들고
일상에 순응하며 젖어드는 슬픔
시간이 멈춘 듯 흘렀다

엄마! 막내 잘 살고 있어요
붉은 노을 속에 회한을 빠뜨리며
기억 저 멀리 그리움
온 몸으로 흔들린다

쌀나무 이팝나무

배고팠던 어린 시절
눈앞 아른거리는
고봉으로 얹어진 쌀밥
점심시간 수돗물로 배 채우고
힘없이 구구단 외우던 날

헛것이 보였나
하늘 가득 하얀 쌀
쌀나무 이팝나무
눈동자를 채운다

쿵더쿵 쿵더쿵
백결선생 방아타령
한 됫박 두 됫박
나는 됫박타령
한시름 놓을 땟거리
한가득 자루맹이

사랑표현

아장아장 걷는 손주
할아버지가 애지중지하는
귀한 蘭을 건드릴세라
손을 함께 마주대고
난을 쓰다듬으며 아! 예뻐라
사랑표현 가르쳤네

저녁반찬 만드느라
부추를 다듬는데
저만치 놀던 손주
아장아장 다가와
아! 예뻐라 부추를 쓰다듬네

크게 해봐

동창모임 가신 할아버지가
늦은 밤까지 안 오신다
궁금한 마음에 걱정도 되어
손주 업고 나가
아파트 정문에서 서성거렸다

달빛은 교교히 흐르고
몸도 으슬으슬 한데
스산한 가을 바람에
스르륵 잠든 손주는
할미 등에 껌딱지 되었다

드디어 길모퉁이에
할아버지 모습 보인다
반가움에 손주를 깨우며
"할아버지 불러봐"
손주는 잠결에 귀찮은지
"하비~" 들릴 듯 말 듯하다
다시 추켜 업으며
"크게 해봐"
"크으게"

신나는 자장가

어미가 짜놓고 간 젖 데워 먹이며
업어주고 안아주고 키워온 손주
똥도 너무 예뻐 노란 선물이었네
쌀 한 말은 못 들어도 손주는 번쩍 들고
힘든 줄도 모르고 세월을 삼켰네

팔베개 해주며 토닥토닥
잘 자라 우리 아기
앞뜰과 뒤 동산에~
모차르트 자장가 불러주는데

훌쩍훌쩍 손주가 울고 있네
왜 그래 아가야 깜짝 놀라니
노래가 너무 슬퍼요
할미 가슴에 얼굴을 묻네

고뤠~? 알았어
쿵따리 사바라 딴 딴 딴
자장가를 바꾸니
킬킬킬 킬킬킬
둘이서 웃느라 잠을 못 이뤘네

똥

욕조에 한가득 물 받아
로켓 하늘로 치솟듯 번쩍 들어
알몸뚱이 손주 녀석
물속에 풍덩
좋아라 발 구르던 손주
엉덩이에서 황금 대포알 발사

"아이쿠"

두 손 모아 건져낸 노란 응가
놀라 눈치 보며 바라보는 손주
"우리 손주 똥도 예쁘네~~"

어색한 웃음 짓던 손주
미안한 얼굴 감추려
물속에 쏘옥 잠수 타네

아이스크림 약

놀이터에서 놀던 손주
어느 놈이 때렸다고
눈물 콧물 연탄 국물 범벅이 되어
엉엉 울고 들어왔다

누구야? 앞장 서!
의기양양 힘주고 앞서가는 손주
가서 보니 떡대만한 놈이
잔뜩 겁먹은 눈으로 꼬나본다

아무리 살펴보아도
손주가 불리하다
아이스크림을 사주며
사이좋게 놀라고 타일렀다

발을 구르며 뒤따라오는 손주
야단 안 친 할미를 원망하며
왜 아이스크림까지 사주느냐고
더 크게 울며 따라온다

"이놈아! 다 너를 위한 겨"
"그게 약이여~~"

최고의 선물

유난히 차를 좋아하는 손주
장난감 자동차만 있으면
하루 종일 잘도 논다

부릉 부릉~ 앵호 앵호~ 삐코 삐코~
누워있는 할미 배는
언덕배기 자동차 경주장이고
문갑 위는 만원사례 주차장이고
거실 바닥은 명절 고향길 고속도로다

할미가 얼마나 좋았는지
이담에 크면 꼭 차를 사 주겠단다
"함미! 빨간 차가 좋아 노란 차가 좋아?"
"으응 노란 차"

이튿날 또 묻는다
"함미! 빨간 차 사줄까 노란 차 사줄까?"
"이놈아, 현금이 좋아 현금이 최고여"
갸우뚱 생각에 잠긴 손주
"내가 돈 많이 벌어서 함미 다 줄게"
"아이구 예쁜 내 강아지"
"할미는 늬가 최고의 선물이여"

그녀의 옆모습

김제 평야같이 넓은 이마에
산들바람 흔들리는 머릿결
오똑한 콧날 흘러내려
볼우물에 피어난 보조개

웃을 듯 말 듯 다문 입가에
상큼한 향기가 피어나고
조화된 그녀의 옆모습은
잘 써진 한 편의 詩

그녀의 시에
그녀의 옆모습에 반해
그녀가 좋아지고 있다

* 나의 스승님, 선우미애 시인을 생각하며 쓴 시입니다.

백발

네 마음이 내 마음이고
내 마음이 네 마음같은
가슴속에 품고 사는 친구

보고파 먼 길 달려왔는데
친구 머리에 하얀 서리가 내렸네
웃음 끝에 스미는 서글픔
인생살이 연륜 같기도 하고

구증구포 덖음 속에
그윽한 향을 내며
마주잡은 꽃차 잔에
백발 우정 녹아드네

친구야
두 다리로 걸어 다닐 때 자주 만나자

시詩 낚시

어스름 새벽
이불의 온기가 좋아
쬐금만 더 자려 뒤척이는데
시의 입질이 시작되었다
숨죽이고 가만가만
세차게 요동치며 찌가 흔들린다
어영차 힘주어
휘익 잡아채
뜰채로 건져 올리니
펄떡펄떡 살아있는
싱싱한 시가 걸렸네
월척이여~
오메 재수 좋은 날

날밤

이리 뒤척 저리 뒤척
잠이 안와 애를 쓰다
차라리
뜬 눈이 나을 것 같아

낮에 못 본 신문도 읽고
시詩도 끄적거리다
날밤 좋아하는 남편위해
밤을 까기 사작했다

새벽에 눈 비비며 일어난 남편
날밤 까며 날밤 새웠군
날밤으로 한 편의 시가 되겠네
어떤 날밤???

로또

행여나~
벼락 맞을 확률이라는데
조상이 돌봐야 한다는데
안 될 거라고 생각하면서도
여섯 개 숫자 바라보며
일주일을 설레며 기다린다

뻥튀기 아저씨가 '뻥이요'하면
그물망에 강냉이 한 자루 되듯
만원 한 장 뻥튀기 되어
통장에 두둑이 신사임당 쌓이면
어디에 쓸까나 생각만으로도
만원의 행복이 쏠쏠하다

남편의 차도 바꿔주고
새깽이들 아파트도 사주고
가난한 우리교회 헌금도 듬뿍하고
상상만으로도 즐거워하며
오늘도 창구 앞에 만원을 건넨다

"자동 두 장이요"

치매예방 고스톱

하나 주라 하나 주라
사정하며 달란다
주나 봐라 주나 봐라
움켜쥐고 안 준다

비 쌍피 웃음 짓고
똥 쌌다 혼절하고
광 팔고 훈수 두며
경로당 누런 담요
열두 그림 널뛴다

무얼 낼까 머리회전
내리치며 팔운동
눈알 굴려 점수 계산
동전짜리 왔다 갔다
이기고 지며 환호소리

이보다 더 좋은
치매예방 없구나

포장마차

길고 지친 하루 끝
앞뒤로 고개운동 하며
한 잔 두 잔 넘기는 씁쓸한 소주
양쪽 어깨에 매달려 있는
물 젖은 솜덩이 생의 무게
바라만 보는 안쓰러운 눈동자
가장이 무엇인들 못하랴
치열한 삶의 현장
맷돌짝에 눌려 납작해진 자존심
고뇌하는 중년 신사
조여진 넥타이 풀어놓고
한 잔 또 한 잔
술잔 속에 빠진 상실감
옆에 앉은 낯선이와
포장마차 친구 되어
끝날 줄 모르는 넋두리
주인 아지매 하품에
졸고 있는 가로등
지루함에 널부러진 빈 술병

나머지 푸념은
얇은 지갑에 쑤셔 넣고
풀어진 넥타이 다시 조인다

비틀거리며 흔들리는
새벽 포장마차 불빛

눈 내리는 날

소복소복 하얀 눈이
그리움처럼 세상을 덮었습니다
산과 들
예쁜 나무 우람한 바위
그늘진 곳 더러운 곳
차별 없이 고루고루 품어내려
순백의 도화지가 되었습니다

나는 화가가 되어
소망을 뿌려 봅니다
가난한 사람에겐 양식이 되어주고
추운 사람에겐 이불 되어 덮어주고
사랑에 목마른 사람에겐
눈부신 위로가 되어

절망보다는 희망을
욕심보다는 배려를
미움보다는 사랑으로 덮어내려
눈꽃들 별빛되어
세상살이 인생살이에
몽실몽실 자양분 되게 하소서

꽃수레 타고

펴낸날 2025년 09월 10일
지은이 박인선
펴낸곳 도서출판 태원
24349 강원특별자치도 춘천시 서부대성로 110-2
전화 (033)255-0277   E-mail tw0277@hanmail.net

ISBN 979-11-6349-149-1 (03810)
ⓒ박인선, 2025, korea

이 책은 저작권법에 따라 보호받는 저작물이므로 무단 전재와 무단 복제를 금합니다.